Impressum
Verlag: BABADADA GmbH, Nedderfeld 112 , 22529 Hamburg
Geschäftsführer / Verlagsleitung: Harald Hof
Druck: Books on Demand GmbH, In de Tarpen 42, 22848 Norderstedt

Imprint
Publisher: BABADADA GmbH, Nedderfeld 112 , 22529 Hamburg, Germany
Managing Director / Publishing direction: Harald Hof
Print: Books on Demand GmbH, In de Tarpen 42, 22848 Norderstedt

學校

xikolo

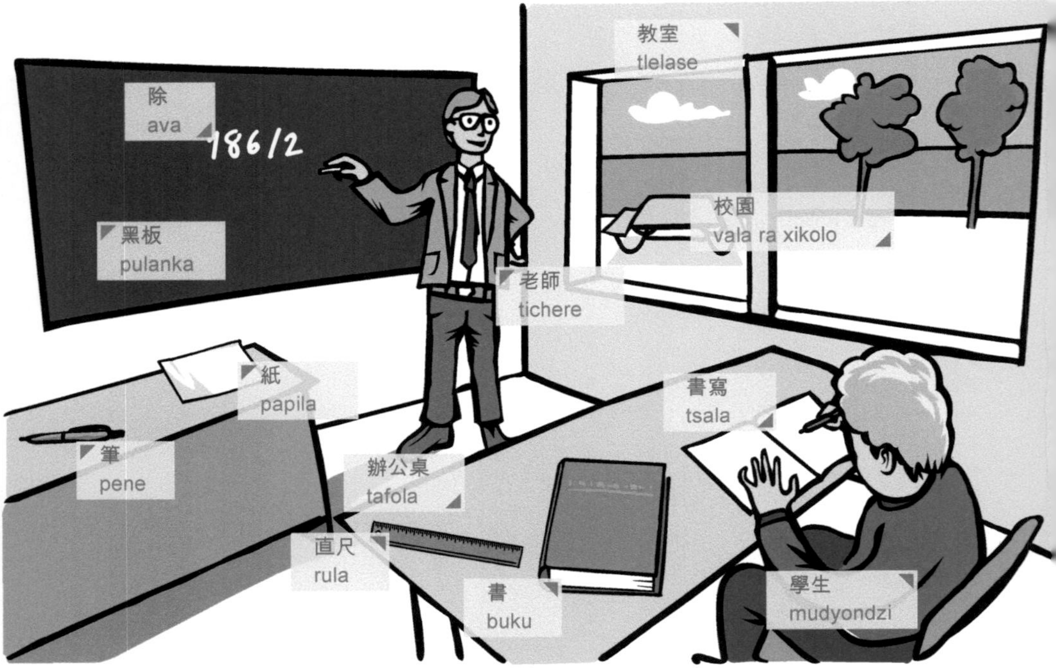
教室
tlelase
除
ava
186/2
黑板
pulanka
老師
tichere
校園
vala ra xikolo
紙
papila
書寫
tsala
筆
pene
辦公桌
tafola
直尺
rula
書
buku
學生
mudyondzi

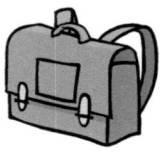

書包

xinkwamana

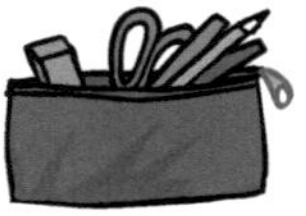

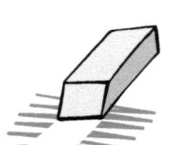

鉛筆盒

bokisi ra tipensele

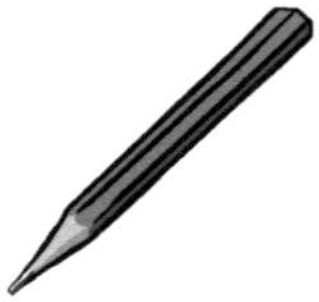

鉛筆

pensele

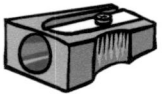

削鉛筆機

muchini wo vatla tipensele

橡皮擦

rhaba

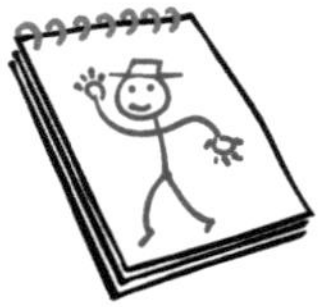

畫板

papilo ro dirowa

圖畫
xifaniso lexi diroweke

畫筆
burachi ro penda

顏料盒
bokisi ro penda

剪刀
xikero

膠水
xidamarheti

練習冊
buku ya xikolo

家庭作業
ntirho wa le kaya

數字
nombhoro

加
engeta

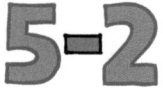

減
susa

乘
andzisa

計算
hlaya

字母
letere

字母表
maletere

字
rito

課文
rungula

讀
hlaya

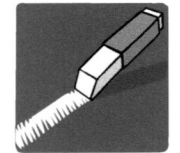

粉筆
choko

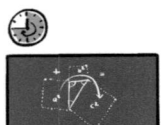

上課
dyondzo

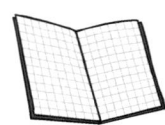

登記
tsarisa

考試
xikambelo

證書
xitifiketi

校服
swiambalo swa xikolo

教育
dyondzo

百科全書
nsonga-vutivi

大學
univhesiti

顯微鏡
makhiriskopu

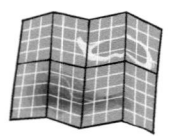

地圖
mepe

廢紙簍
xikotela xo lahla maphepha

旅行
kufamba

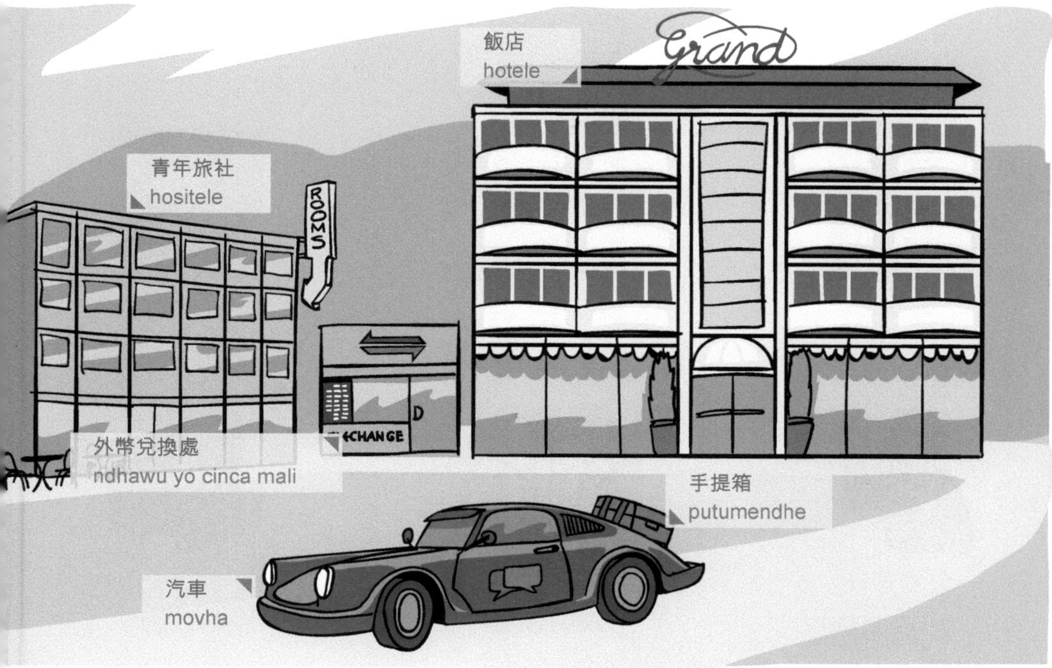

飯店
hotele
Grand
青年旅社
hositele
ROOMS
外幣兌換處
ndhawu yo cinca mali
CHANGE
手提箱
putumendhe
汽車
movha

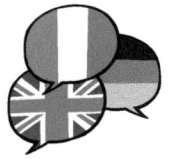

語言

ririmi

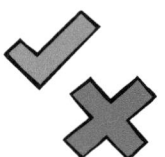

是/否

ina / e-e

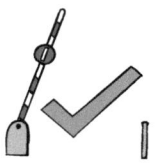

好的

Swikahle

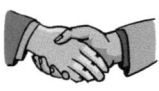

您好

ahe

翻譯人員

muhundzuluxeri

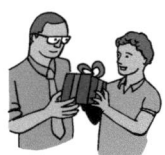

謝謝

Ndza khensa

……多少錢？

ivungani…?

我不明白

Andzi twisisi

問題

nkinga

晚上好！

Riperile!

早上好！

Maxelo ya kahle!

晚安！

Vusiku bya kahle!

再見

sala kahle

方向

nkongomiso

行李

mindzhwalo

包

nkwama

背包

nkwama

客人

muendzi

房間

kamara

睡袋

nkwama wo etlela

帳篷

tende

旅行資訊
vuxokoxoko bya vaendzi

海灘
ribuwa

信用卡
khadi ra xikweleti

早餐
xifihlulo

午餐
swakudya swa ninhlekani

晚餐
swakudya swa nimadyambu

票
thikithi

電梯
kheshe

郵票
xitempe

邊界
ndzilakana

海關
mikhuva

大使館
hovisi ya vuyimeri ya tiko

簽證
visa

護照
pasi ro endza

交通運送
swilo swo famba

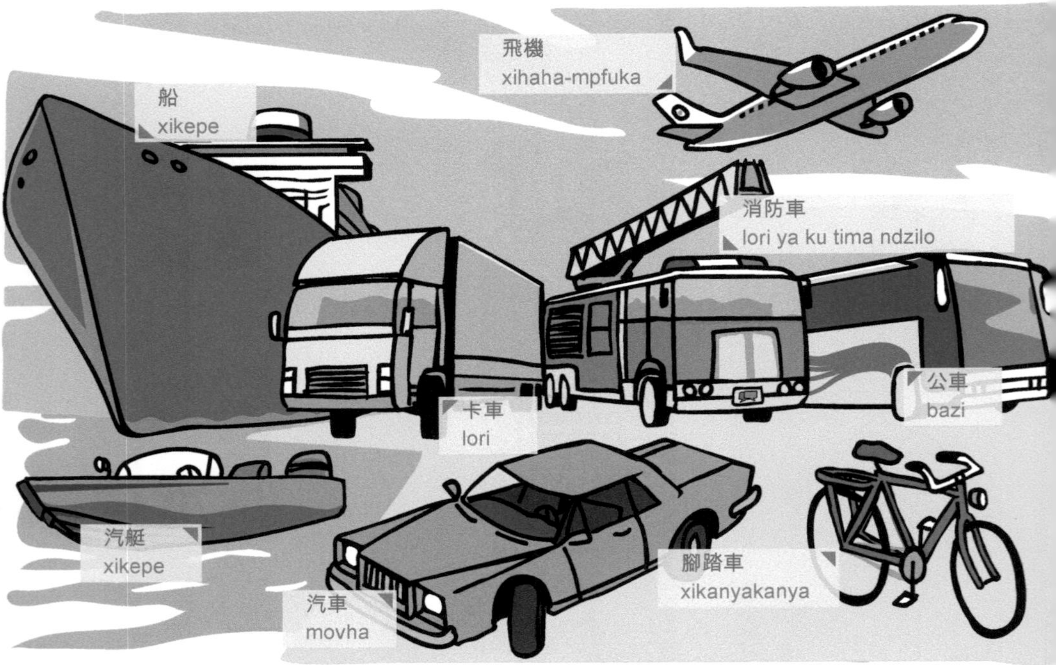

飛機
xihaha-mpfuka

船
xikepe

消防車
lori ya ku tima ndzilo

公車
bazi

卡車
lori

汽艇
xikepe

腳踏車
xikanyakanya

汽車
movha

渡輪

xikepe

小船

xikepe

機車

xithuthuthu

警車

movha wa maphorisa

賽車

movha wa mphikizano

租車

movha yo lombiwa

拼車
ku avelana hi movha

拖車
lori yo koka timovha

垃圾車
lori yo rhwala chaka

馬達
njhini

汽油
mafurha

加油站
ndhawu yo xavisa petirolo

交通標識
mpfungo wa le patwini

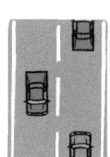

交通
mafambelo ya mimovha

交通堵塞
ntlimbano wa timovha

停車場
phaki ya timovha

火車站
xitichi xa xitimela

軌道
mintila

火車
xitimela

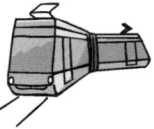

路面電車
banzi leri fambaka
exiporweni

客車廂
kalichi

直升機

xihaha-mpfuka-phatsa

機場

rivala ra siwhaha-mpfuka

塔

xihondzo

乘客

mukhandziyi

集裝箱

bokisi

紙板箱

bokisi

手推車

kalichi

籃子

xirhundzi

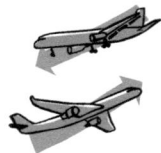

起飛/降落

suka / tshama

城市
doroba

村莊

muti

市中心

nkava wa doroba

房子

yindlu

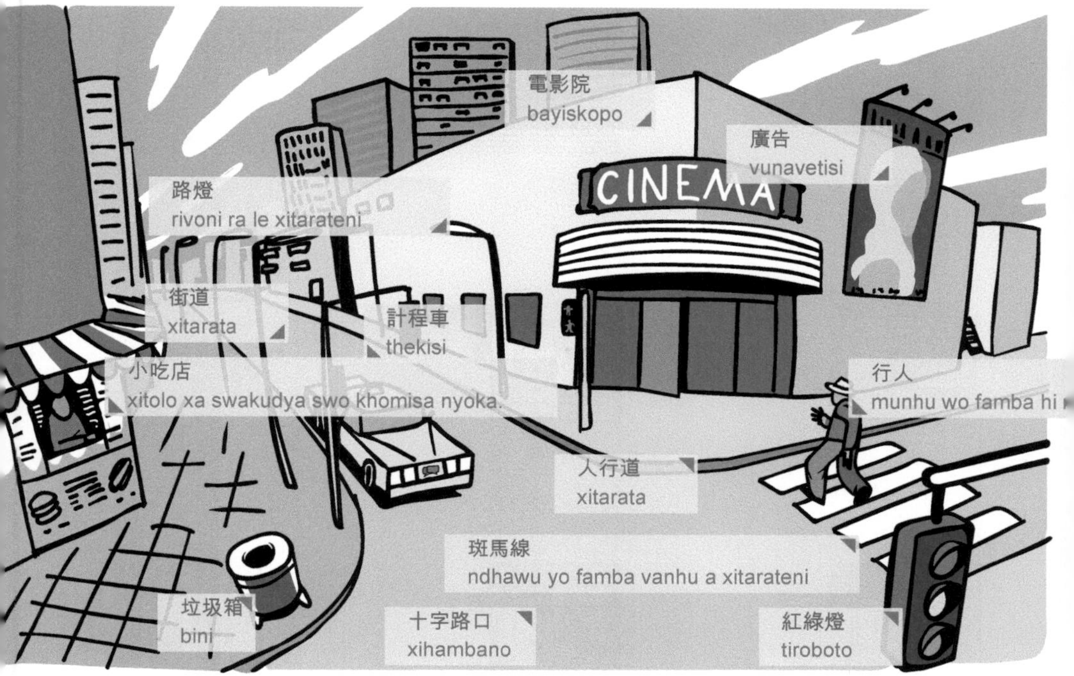

電影院
bayiskopo
CINEMA
廣告
vunavetisi
路燈
rivoni ra le xitarateni
街道
xitarata
計程車
thekisi
小吃店
xitolo xa swakudya swo khomisa nyoka.
行人
munhu wo famba hi
人行道
xitarata
斑馬線
ndhawu yo famba vanhu a xitarateni
垃圾箱
bini
十字路口
xihambano
紅綠燈
tiroboto

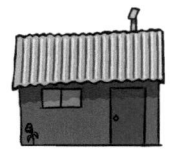

小屋

xiyindlwana xa byanyi

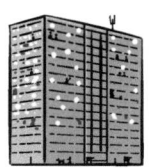

公寓

yindlu

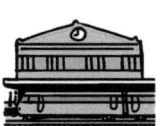

火車站

xitichi xa xitimela

市政廳

holo ya vanhu

MUSEUM

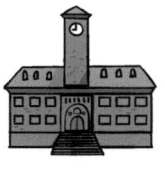

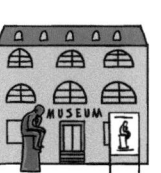

博物館

muziyamu

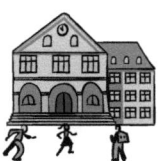

學校

xikolo

大學
univhesiti

銀行
bangi

醫院
xibedlhele

飯店
hotele

藥房
xitolo xa miri

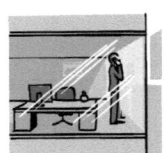

辦公室
hofisi

書店
xitolo xa tibuku

商店
xitolo

花店
xitolo xa swiluva

超市
xitolo le xikulu swinene

市場
makete

百貨商店
xitolo le xikulu

魚店
xitolo xa tinhlampfi.

購物中心
ndhawu ya switolo

海港
hlaluko

公園
phaka

長凳
bence

橋
buloho

樓梯
switepisi

捷運
ehansi ka misava

隧道
muhocho

公車站
xitichi xa tibanzi

酒吧
barha

餐館
rhesiturente

郵筒
bokisi ra poso

路標
mfungho wa xitarata

停車計時器
muchini wa mali ya ku phaka

動物園
ntanga wa swiharhi

游泳池
damu ro xambela

清真寺
mosque

農場
purasi

污染
nthyakiso

墓地
masirha

教堂
kereke

操場
rivala ra mintlangu

寺廟
tempele

地形
ndhawu

樹葉
tluka

指示牌
mfungho wa gondzo

路
ndlela

草地
byanyi byo tala

石頭
ribye

徒步旅行者
munhu wo khandziya tintshava

樹
murhi

河
nambu

草
byanyi

花
xiluva

峽谷

nkova

丘陵

xitsunga

湖

tiva

森林

khwati

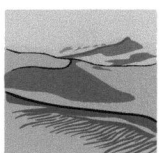

沙漠

mananga

火山

volkheno

城堡

ntsinda

彩虹

nkwangulatilo

蘑菇

swikowa

棕櫚樹

murhi wa nchindzu

蚊子

nsuna

蒼蠅

haha

螞蟻

vusokoti

蜜蜂

nyoxi

蜘蛛

puma

甲蟲

xifufunhunu

青蛙

chele

松鼠

maxindyana

刺蝟

nhloni

野兔

mfundla

貓頭鷹

xikhova

鳥

xinyenyane

天鵝

sekwa

野豬

ngluve ya nhova

鹿

mhunti

麋鹿

mhofu

水壩

damu

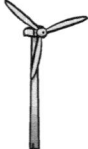

風力發電機

xipelupelu xa moya

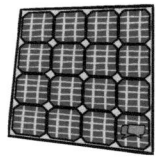

太陽能電池板

bodo leyi tswongaka kuhisa
ka dyambu

氣候

maxelo

餐館
rhesiturente

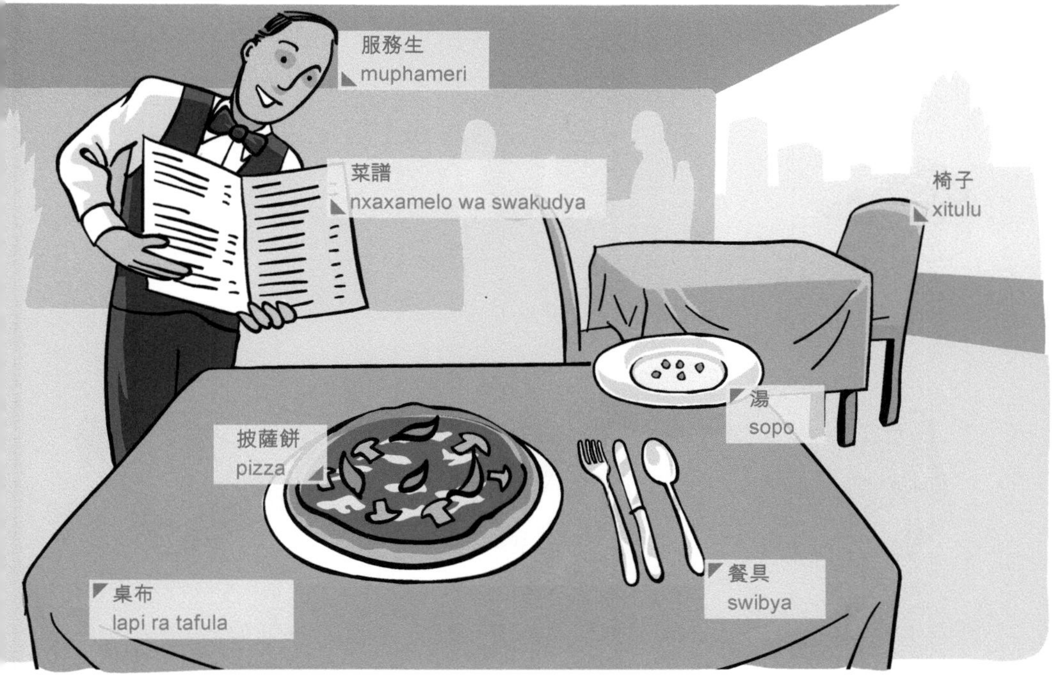

服務生
muphameri
菜譜
nxaxamelo wa swakudya
椅子
xitulu
湯
sopo
披薩餅
pizza
餐具
swibya
桌布
lapi ra tafula

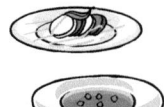

前菜

swakudya swa ku naveta

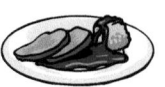

主菜

swakudya

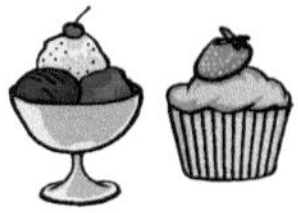

甜點

swo rhelerisa

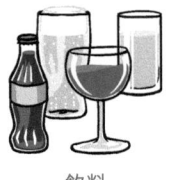

飲料

swakunwa

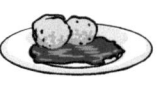

食物

swakudya

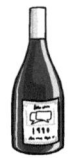

瓶子

bodlhela

速食

swakudya swa xihatla

街邊小吃

swakudya swa le ndleleni

茶壺

mbita ya tiya

糖盒

xibye xa chukela

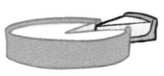

一份飯菜

xiphemu

義式咖啡機

muchini wa espresso

高腳椅

xitulu xa le henhla

帳單

swikweleti

托盤

thireyi

刀

mukwana

餐叉

foroko

勺子

lepula

茶匙

xilepulana

餐巾

phepha ro sula nomu

玻璃杯

nghilazi

碟子
pleti

湯盤
pleti ya sopo

碟子
sosara

醬
murhu

鹽瓶
xilo xo chele munyu

胡椒研磨罐
xilo xo gaya

醋
vhiniga

食用油
mafurha

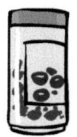

調味料
swinyunyeteri

番茄醬
ketchup

芥末
mustard

美乃滋
mayonasi

超市

xitolo le xikulu swinene

特價
nyiko yo hlawuleka
FOR
顧客
muxavi
乳製品
ntsamba
水果
mihandzu
購物車
xikocikara

BUTCHERS

肉鋪

buchara

BAKERY

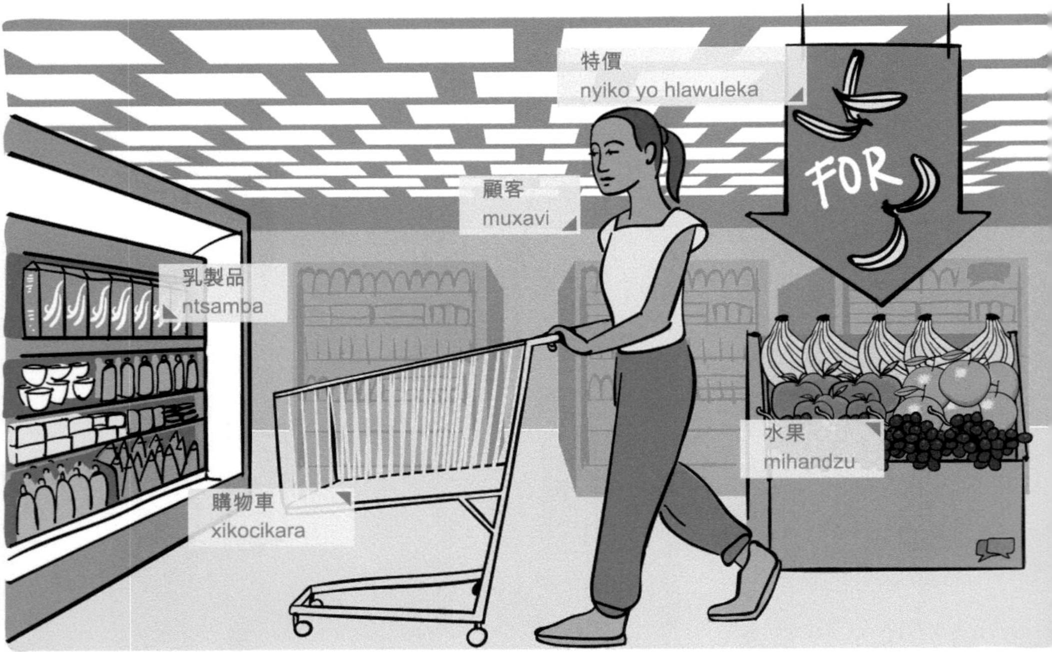

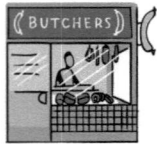

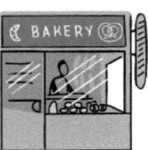

麵包店

bekari

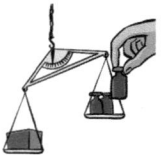

稱重

ringanyeta

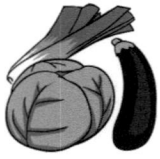

蔬菜

swimila

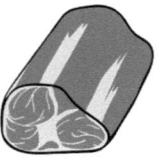

肉

nyama

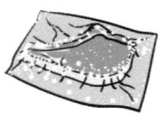

冷凍食品

swakudya swo titimela

冷盤

nyama

罐頭食品

swakudya leswi nga thinini

洗衣粉

mapa yo hlanswa

甜食

malekere

日用品

switirhisiwa swa le ndlwini

清潔用品

swilo swo basisa

銷售員

munhu wo xavisa

收銀機

thili

收銀員

muamukeli wa timali

購物清單

xaxamelo wa swo xaviwa

開放時間

nkarhi wa ku tirha

錢包

nkwama wa mali

信用卡

khadi ra xikweleti

袋子

nkwama

塑膠袋

nkwama wa pulasitiki

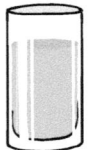 

水
mati

果汁
ntsutsu

牛奶
meleke

可樂
coke

紅酒
vhinyo

啤酒
byalwa

酒
byala

可可
cocoa

茶
tiya

咖啡
kofi

義式濃縮咖啡
espresso

卡布奇諾
cappuccino

香蕉

banana

蘋果

apula

柳丁

lamula

西瓜

kalabatla

檸檬

swiri

胡蘿蔔

kherotsi

大蒜

swinyalana

竹子

musengele

洋蔥

nyala

蘑菇

swikowa

堅果

timanga

麵條

makaroni ya nyama

義大利麵

spaghetti

米飯

rhayisi

沙拉

saladi

薯條

machipisi

炸馬鈴薯

nhlata wo katingiwa

披薩餅

pizza

漢堡

hamburger

三明治

xinkwa

炸豬排

cutlet

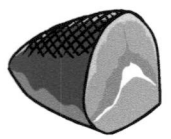

火腿

ham

義大利臘腸

salami

香腸

soseji

雞肉

huku

烤肉

katinga

魚

hlampfi

燕麥片

oats

木斯里

muesli

玉米片

rivele-ndzoho

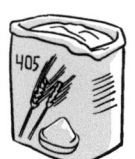

麵粉

filawa

牛角麵包

bantsi

麵包捲

xinkwa

麵包

xinkwa

吐司

xinkwa xo oxiwa

餅乾

makokisi

奶油

botere

凝乳

ribomba ra tswamba

蛋糕

khekhe

蛋

tandza

煎蛋

matandza lama katingiweke

起司

chizi

冰淇淋

ayisi khrimi

糖

chukela

蜂蜜

vulombe

果醬

jamu

巧克力醬

botere ya chokoleti

咖哩

curry

農場
purasi

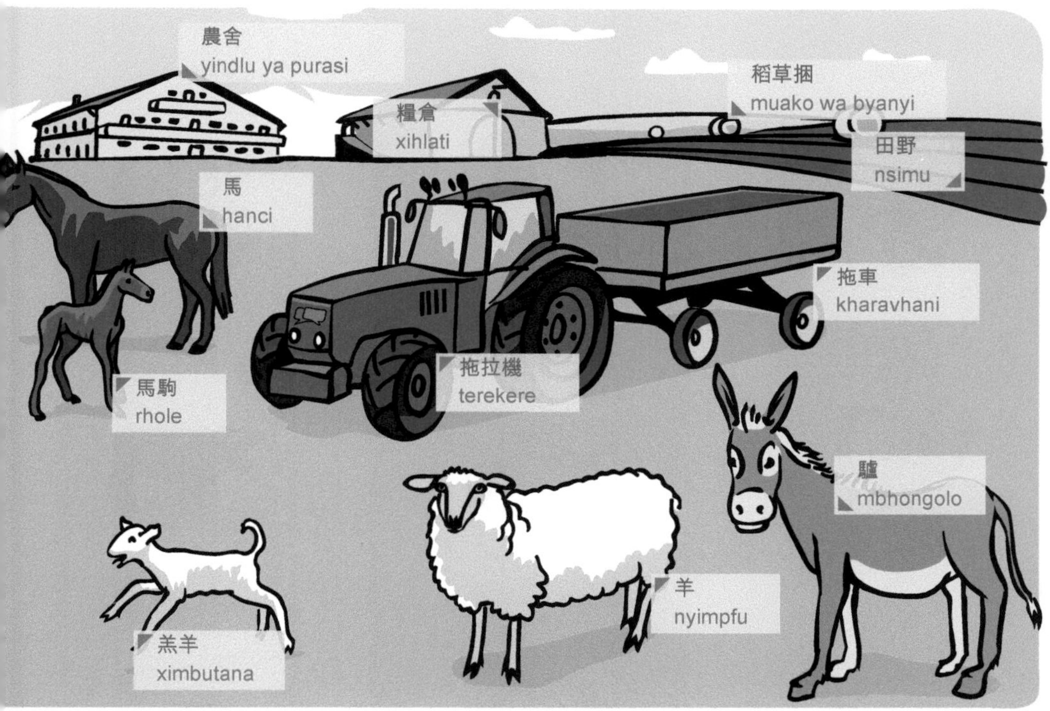

農舍
yindlu ya purasi
糧倉
xihlati
稻草捆
muako wa byanyi
田野
nsimu
馬
hanci
拖車
kharavhani
拖拉機
terekere
馬駒
rhole
驢
mbhongolo
羊
nyimpfu
羔羊
ximbutana

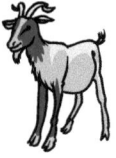

山羊

mhunti

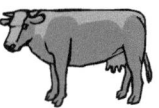

奶牛

homu

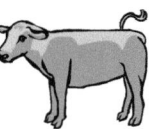

小牛

rhole

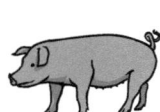

豬

nguluve

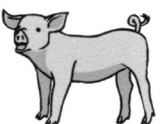

小豬

xingulubyana

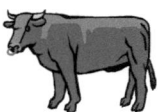

公牛

nkuzi

鵝

sekwa

鴨

sweka

小雞

xikukwana

母雞

mbhaha

公雞

nkuku

鼠

kondlo

貓

ximanga

老鼠

kondlo

牛

homu

狗

mbyana

狗屋

yindlu ya mbyana

花園澆水軟管

payipi ya mati

澆水壺

xilo xo chelela mati

長柄大鐮刀

nsimbi yo tsema

犁

xikomu

28　　　　　　農場 - purasi

鐮刀

sikele

鋤頭

xikomu

長柄草耙

foroko le yikulu

斧頭

xihloka

獨輪手推車

bara

飼料槽

xitsengele

牛奶罐

xilo xo chela ntswamba

麻布袋

saka

柵欄

rirhangu

馬廄

xivala

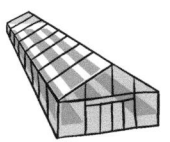

溫室

yindlu ya vuhlayiselo bya
swimilana

土壤

misava

種子

mbewu

肥料

swinonisi

聯合收割機

muchini wa ku tshovela

收割

tshovela

收割

ntshovelo

地瓜

mintsumbula

小麥

koroni

大豆

tinyawa

土豆

nhlata

玉米

koroni

油菜籽

rapeseed

果樹

nsinya wa mihandzu

樹薯

ntsumbula

穀物

swakudya swa tidzoho

房子
yindlu

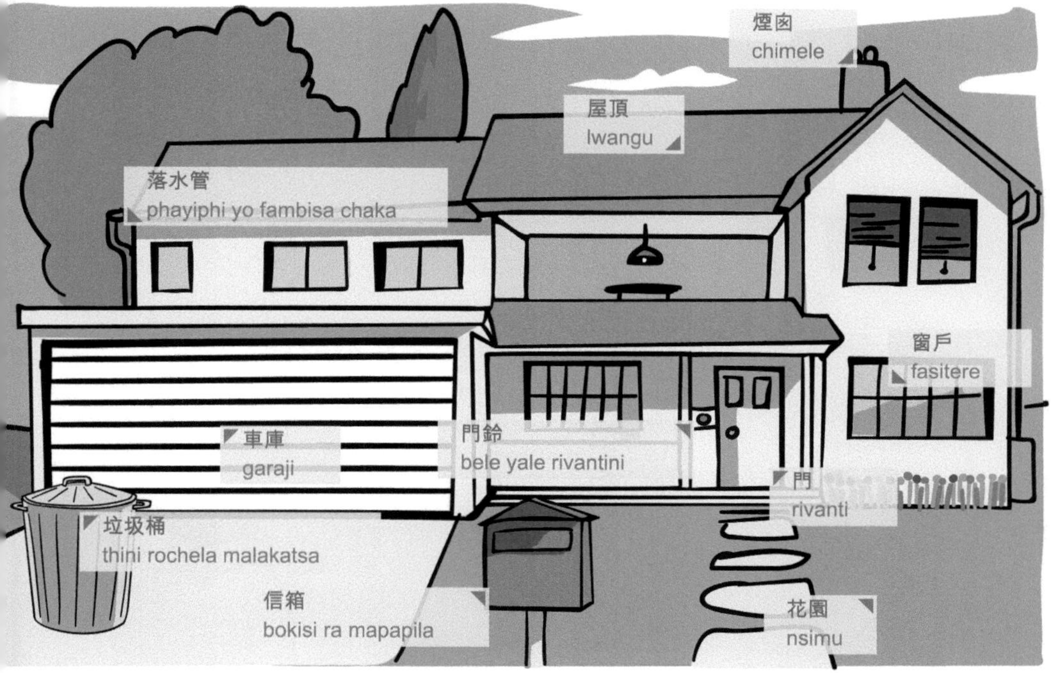

煙囪
chimele
屋頂
lwangu
落水管
phayiphi yo fambisa chaka
窗戶
fasitere
車庫
garaji
門鈴
bele yale rivantini
門
rivanti
垃圾桶
thini rochela malakatsa
信箱
bokisi ra mapapila
花園
nsimu

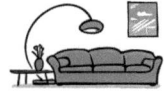

客廳

kamara ro tshama

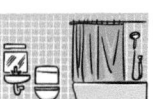

浴室

kamara yo hlambela

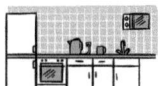

廚房

khishini

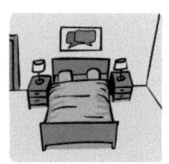

臥室

kamera ro etlela

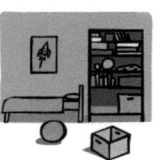

兒童房

kamana ya vana

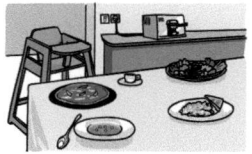

餐廳

ndhawu yo dyela

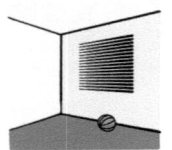

地板
ehansi

牆壁
khumbi

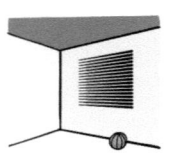

天花板
silingi

地窖
kamera ra le hansi

三溫暖
phungula

陽臺
rikupakupa

露臺
tshala

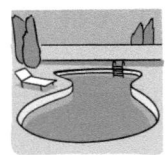

游泳池
damu

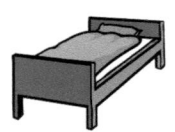

割草機
muchini wo tsema byanyi

被單
nkumba

床罩
swo andlalela mubedo

床
mubedo

掃帚
nkukulu

水桶
bakiti

開關
swichi

客廳

kamara ro tshama

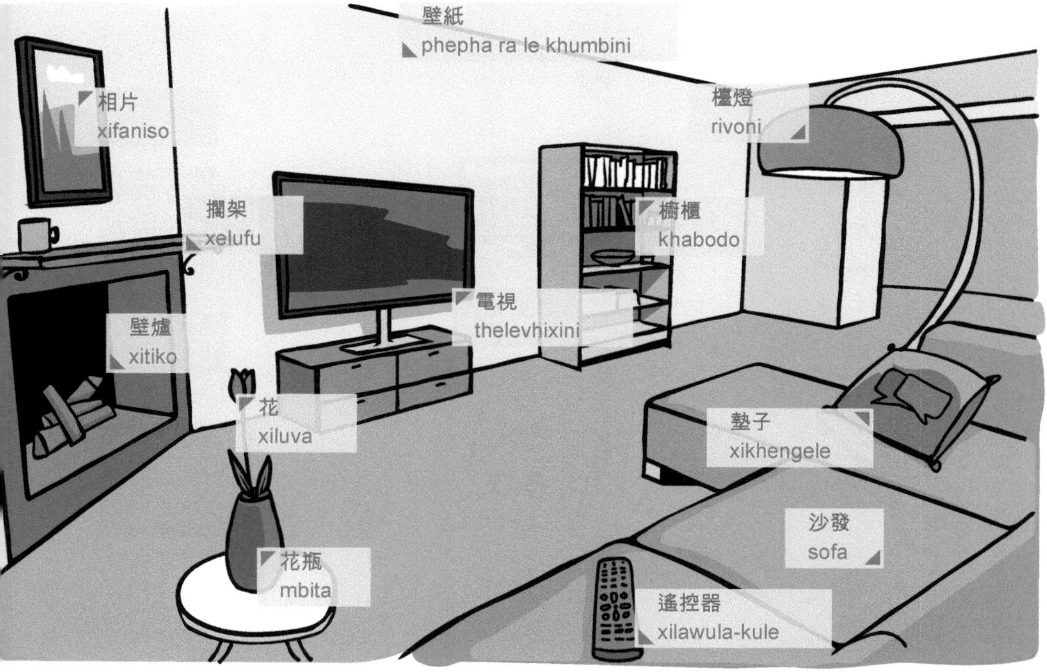

壁紙
phepha ra le khumbini
相片
xifaniso
檯燈
rivoni
擱架
xelufu
櫥櫃
khabodo
電視
thelevhixini
壁爐
xitiko
花
xiluva
墊子
xikhengele
沙發
sofa
花瓶
mbita
遙控器
xilawula-kule

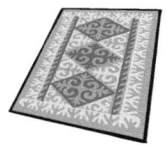

地毯

khapete

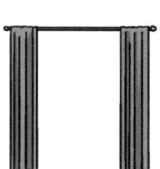

窗簾

khethenisi

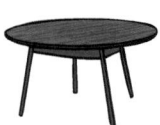

餐桌

tafula

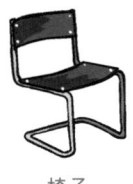

椅子

xitulu

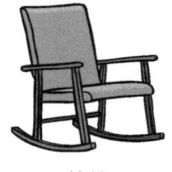

搖椅

xitulu xo mbuwetela

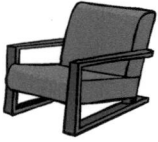

扶手椅

xitulu xo tlhandleka mavoko

書
buku

毯子
nkumba

裝飾品
nkhaviso

木柴
tihunyi

電影
filimi

高傳真音響
muchini wa hi-fi

鑰匙
xinotlelo

報紙
phepha-hungu

油畫
xifaniso lexi vatliweke

海報
bodo ya xifaniso

收音機
xiya-ni-moya

筆記本
buku yo tsala tinhla

吸塵器
hoover

仙人掌
xiluva xa cactus

蠟燭
khandlela

廚房
khishini

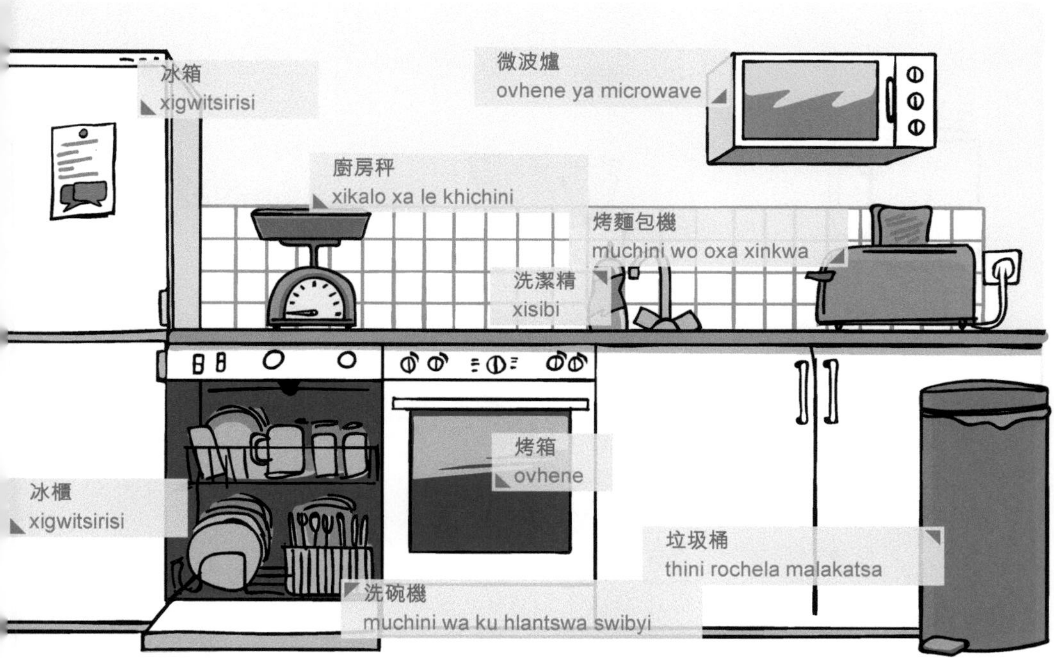
冰箱
xigwitsirisi
微波爐
ovhene ya microwave
廚房秤
xikalo xa le khichini
烤麵包機
muchini wo oxa xinkwa
洗潔精
xisibi
烤箱
ovhene
冰櫃
xigwitsirisi
垃圾桶
thini rochela malakatsa
洗碗機
muchini wa ku hlantswa swibyi

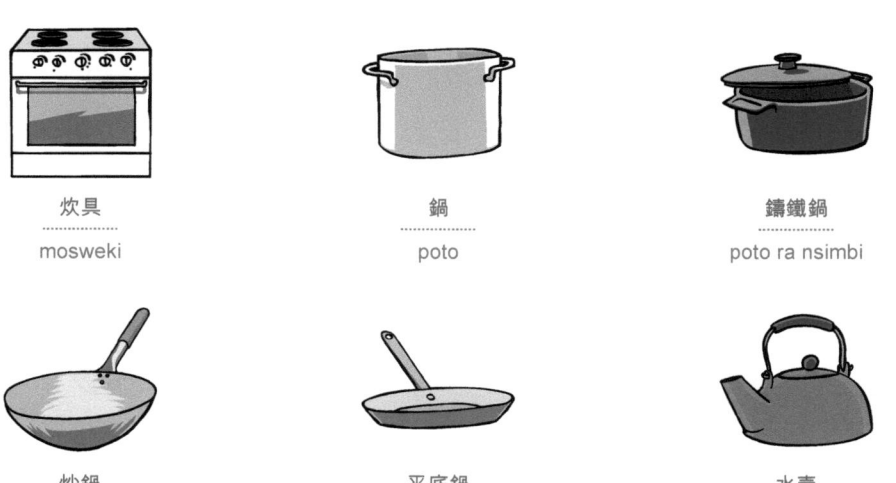

炊具

mosweki

鍋

poto

鑄鐵鍋

poto ra nsimbi

炒鍋

mbita yo swekela / kadai

平底鍋

pani

水壺

ketlele

蒸鍋

xo sweka hi nkahelo

烤盤

thireyi ya ku baka

陶瓷鍋

swibya

馬克杯

xikomichana

碗

ximbitana

筷子

ti-chopstick

長柄勺

xipunu

鏟子

spatula

攪拌器

muchini wo hlanganisa

濾網

sefo

篩子

xisefo

磨碎機

xilo xo tsemelela

研缽

xibye

燒烤

nyama yo oshiwa

明火

ndzilo

菜板

bodo ya ku tsemelela

擀麵杖

mhandzi yo andlala fulawa

開瓶器

xo pfula mabodlhela

罐子

thini

開罐器

xo pfula mathini

隔熱手套

xo khoma poto

水槽

zinki

刷子

buracha

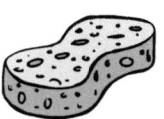

海綿

xiponci

攪拌機

xilo lexi hlanganiselaka

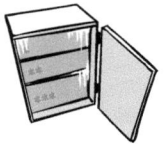

冷藏箱

xigwitsirisi

奶瓶

bodlhela ra n'wana

水龍頭

pompi

kamara yo hlambela

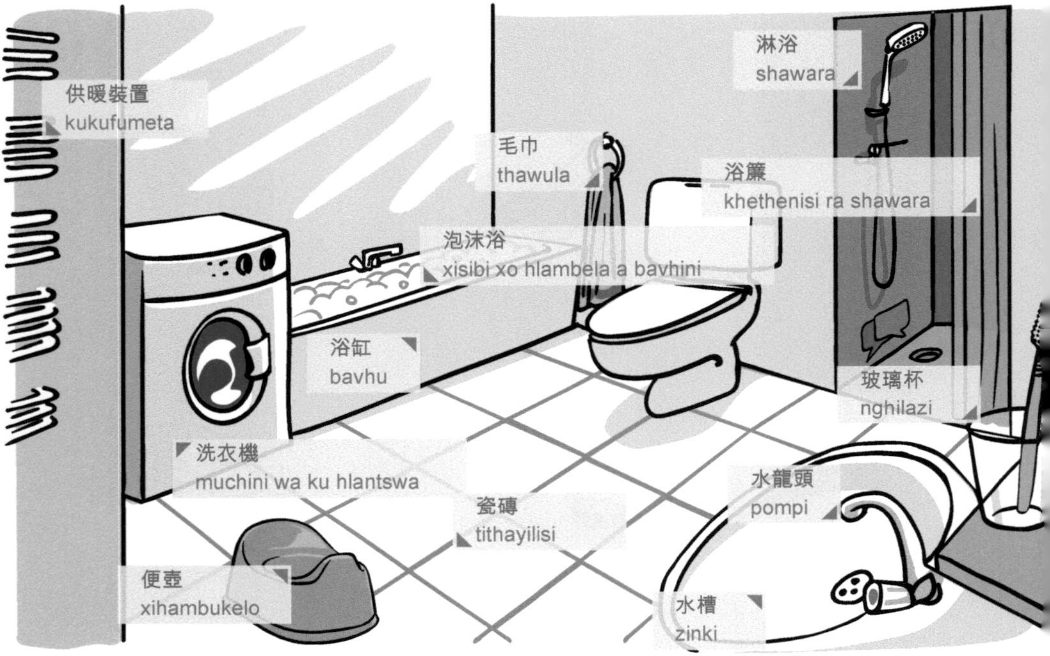

淋浴
shawara

供暖裝置
kukufumeta

毛巾
thawula

浴簾
khethenisi ra shawara

泡沫浴
xisibi xo hlambela a bavhini

浴缸
bavhu

玻璃杯
nghilazi

洗衣機
muchini wa ku hlantswa

水龍頭
pompi

瓷磚
tithayilisi

便壺
xihambukelo

水槽
zinki

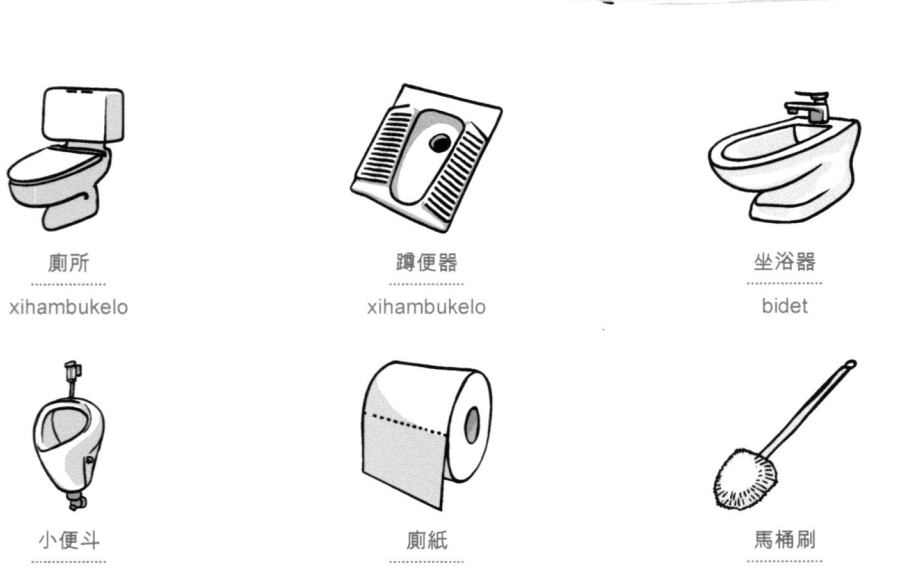

廁所	蹲便器	坐浴器
xihambukelo	xihambukelo	bidet

小便斗	廁紙	馬桶刷
ndhawu yo tsakamisela	papila ra xihambukelo	burachi bya xihambukelo

牙刷

burachi bya meno

牙膏

xisibi xa meno

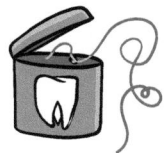

牙線

xo basisa exikarhi ka meno

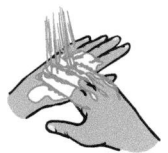

洗

hlamba

手持式蓮蓬頭

xawara yo khomiwa hivoko

沖洗器

douche

洗臉盆

xihlambelo

洗背刷

buracha ra nhlana

肥皂

xisibi

沐浴露

xisibi xa xawara

洗髮乳

shampoo

法蘭絨

swilapana

排水

xinambyana

乳霜

rivomba

除臭劑

xinhuherisi

鏡子

xivoni

手鏡

xivoni xo khomiwa hivoko

刮鬍刀

rikarhi

刮鬍泡沫

xisibi so susa malevu

鬍後水

mafurha ya kutola loku u heta ku tsemeta malevu

梳子

kama

刷子

buracha

吹風機

muchini wo omisa mosisi

噴髮定型劑

mafurha yo tola mosisi

化妝品

xo tisasekisa

唇膏

xotota nomo

指甲油

xo tota minwala

化妝棉

kotoni

指甲剪

xo tsema minwala

香水

xinhuherisi

洗漱包

nkwama wa le
xihambukelweni

凳子

nchuluko

計重秤

xikalo

浴袍

nguvu yo hlamba

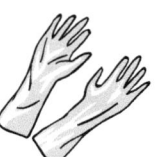

橡膠手套

tiglovhu ta raba

衛生棉條

tampon

衛生棉

thawula ra ku basisa

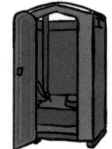

化學廁所

xihambukelo xa le handle

兒童房

kamana ya vana

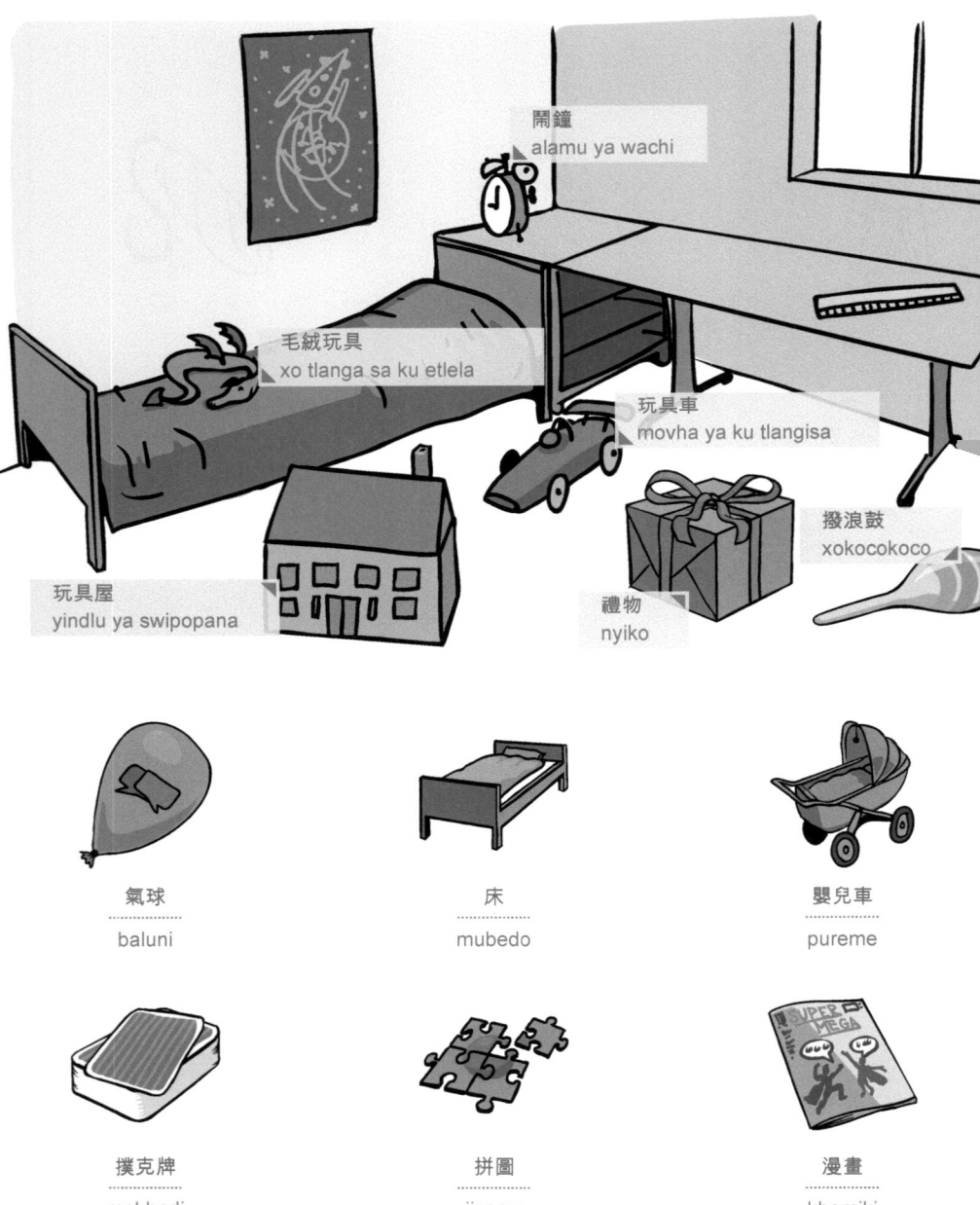

鬧鐘
alamu ya wachi

毛絨玩具
xo tlanga sa ku etlela

玩具車
movha ya ku tlangisa

撥浪鼓
xokocokoco

玩具屋
yindlu ya swipopana

禮物
nyiko

氣球
baluni

床
mubedo

嬰兒車
pureme

撲克牌
makhadi

拼圖
jigsaw

漫畫
khomiki

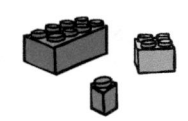

樂高積木
switina swa lego

積木玩具
swiaki

公仔
xo tlanga xa vana

嬰兒服
swiambalo swa nwana

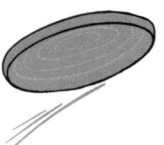

飛盤
Frisbee

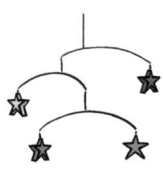

床鈴玩具
mobile

棋盤遊戲
ntlango wa le bodweni

骰子
dayisi

火車模型
xitimela xo tlanga

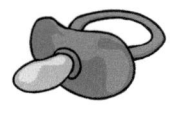

安撫奶嘴
xo tlangisa vana

派對
nkhuvo

繪本
buku ya swifaniso

球
bolo

洋娃娃
xipopana

玩
tlanga

沙坑

khele ra sava

鞦韆

muchinginya

玩具

swilo swo tlangisa

電玩遊戲

mintlango ya vhidiyo

三輪車

xithuthuthu xa mivhilwa manharhu

泰迪熊

tibere to tlangisa

衣櫃

wadirobo

衣服
swiambalo

襪子

masokisi

長襪

masokisi

緊身褲

buruku byo tlimba

圍巾
xikhafu

皮帶
bandhi

雨傘
ambulele

T恤
xikipa

靴子
tintangu

運動鞋
tintangu to tsutsuma

拖鞋
maphashana

涼鞋
maphashana

鞋
tintangu

雨靴
majombo ya raba

內褲
maburuko ya le ndzeni

胸罩
bodi

背心
xikipa xa le ndzeni

身體
miri

褲子
maburuko

牛仔褲
bokati

短裙
xiketi

女式襯衫
bulawusi

襯衫
hembe

套頭衫
jesi

連帽上衣
jazi ro fingeneta nhloko

西裝夾克
buleyizara

夾克
baji

外套
nghuvo

雨衣
jazi rampfula

套裝
swiambalo

連衣裙
swiambalo

婚紗
rhoko ya mucato

西裝
sudu

睡袍
xiambalo xo etlela

睡衣
swi ambalo swo etlela

莎麗
sari

頭巾
xikhafu

包頭巾
duku

波卡
burqa

卡夫坦
swi ambalo

(阿拉伯式)長袍
abaya

泳衣
swiambalo swo hlambela

男式泳褲
maburuko ya le ndzeni

短褲
buruku ro koma

運動服
tracksuit

圍裙
fasikoti

手套
maglilavhu

鈕扣

kunupu

眼鏡

manghilazi ya mahlo

手鏈

sindza

項鍊

vuhlalu

戒指

xingwaxila

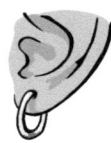

耳環

vo sasekisa tindleve

便帽

kepisi

衣架

hangara ya nghuvo

帽子

xigqoko

領帶

thayi

拉鍊

zipi

安全帽

xihuku

背帶

minxongotelo

校服

swiambalo swa xikolo

制服

yunifomo

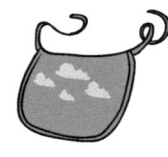

圍兜
bibi

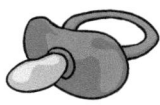

安撫奶嘴
xo tlangisa vana

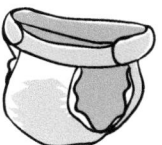

尿布
leyiri

辦公室
hofisi

伺服器
server
檔案櫃
khabodo yo beka tifayili
紙
papila
印表機
muchini wa ku kandziyisa
螢幕
xikirini
辦公桌
tafola
滑鼠
mouse
資料夾
xilo xo veka swiphephana
鍵盤
keyboard
廢紙簍
xikotela xo lahla maphepha
電腦
khompyuta
椅子
xitulo

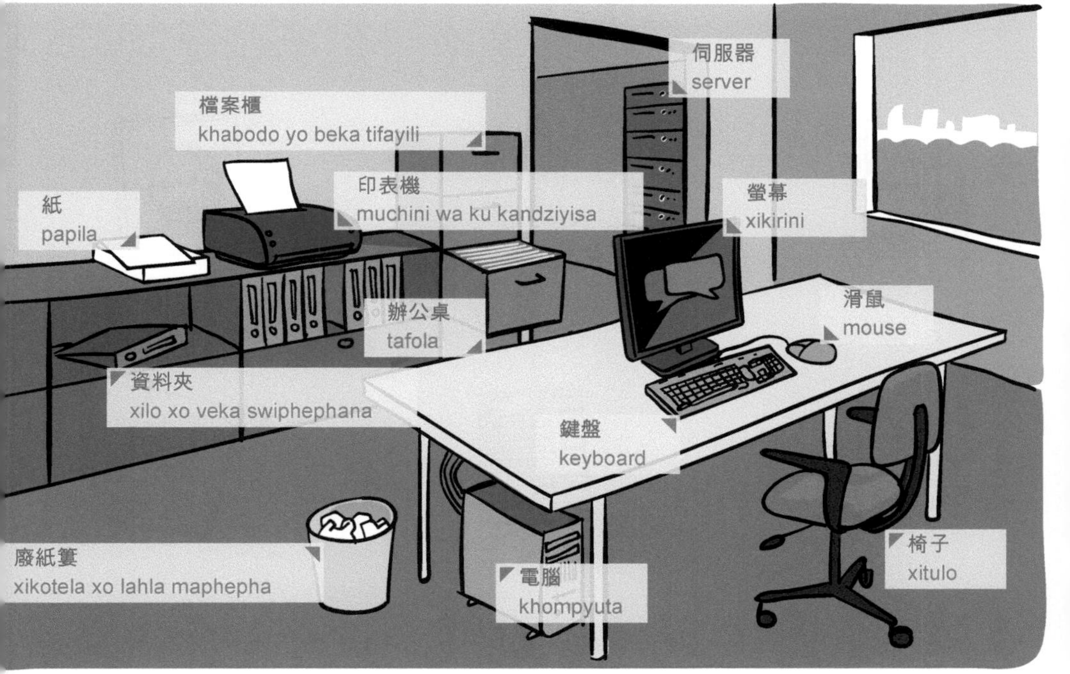

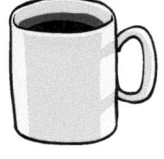

咖啡杯
bikiri ra kofi

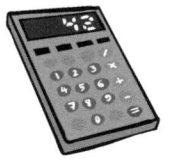

計算機
muchini wo hlaya

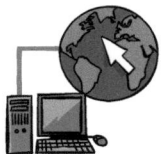

網際網路
internet

筆記型電腦
laptop

信件
papila

簡訊
rungula

行動電話
foni

網路
network

影印機
muchini wo endla tikopi

軟體
progreme ya khompyuta

電話
riqingho

插座
pulagi ya gezi

傳真機
muchini wo rhumela rungula

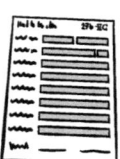

表格
fomo

檔案
papila

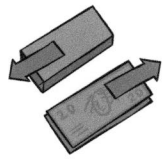

買
xava

付錢
hakela

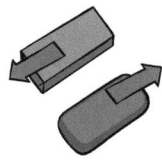

交易
xavisa

現金
mali

 **USD**

美元
dolara

 **EUR**

歐元
euro

 **JPY**

日元
yen

 **RUB**

盧布
rouble

 **CHF**

瑞士法郎
Swiss franc

 **CNY**

人民幣
renminb yuan

 **INR**

盧比
rupee

提款處
muchini wa mali

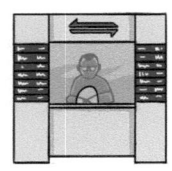

外幣兌換處

ndhawu yo cinca mali

金

nsuku

銀

silivhere

石油

mafurha

能源

matimba

價格

hakelo

合約

ntwanano

稅金

xibalo

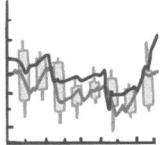

股票

nundzu ya timali

工作

tirha

職員

mutirhi

老闆

mothorhi

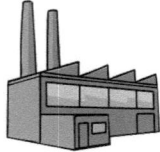

工廠

fektri

商店

xitolo

職業
mintirho

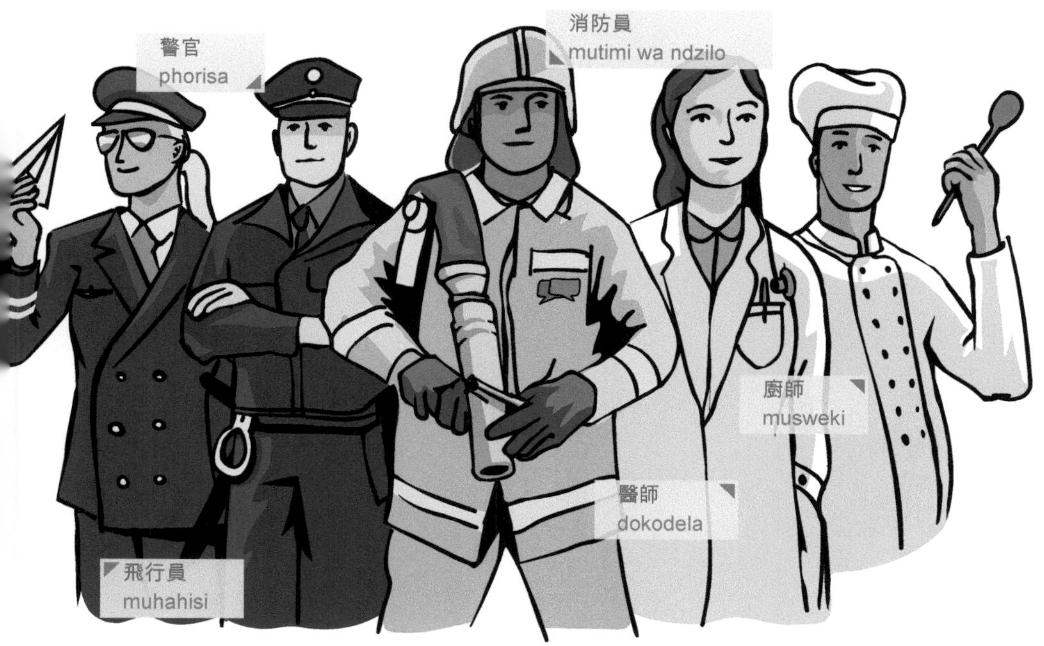

警官
phorisa
消防員
mutimi wa ndzilo
廚師
musweki
醫師
dokodela
飛行員
muhahisi

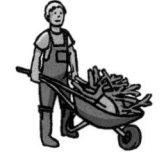

園丁

muhlayi wa ntanga

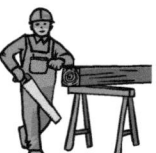

木匠

muvatli

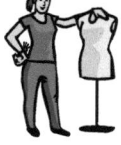

裁縫

murungi

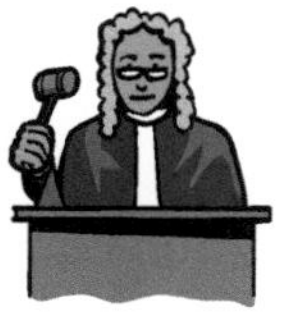

法官

muavanyisi

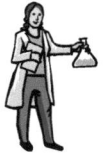

化學家

xitshunguri

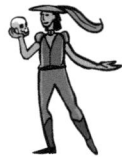

演員

mutlangi

公車司機

muchaeri wa tibazi

計程車司機

muchayeri wa thekisi

漁夫

muphasi wa tinhlampfi

清洗女工

wansati wa ku basisa

屋頂工

mufuleri

服務生

muphameri

獵人

muhloti

畫家

mupendi

麵包師

mubaki

電工

mutivi wagezi

建築工人

muaki

工程師

munjiniyara

屠夫

muxavisi wa nyama

水管工

muplambara

郵差

muheleketi wa poso

士兵

socha

建築師

mumpfampfarhuti

收銀員

muamukeli wa timali

花農

muxavisi wa swiluva

理髮師

mululamisi wa misisi

售票員

mufambisi

機械技師

nunhu wo lungisa timovha

船長

mulawuri

牙醫

dokotela wa matinho

科學家

mutivi wa sayensi

拉比

mufundisi

伊瑪目

murhangeri

和尚

nghwendza

牧師

mfundisi

工具
switirhisiwa

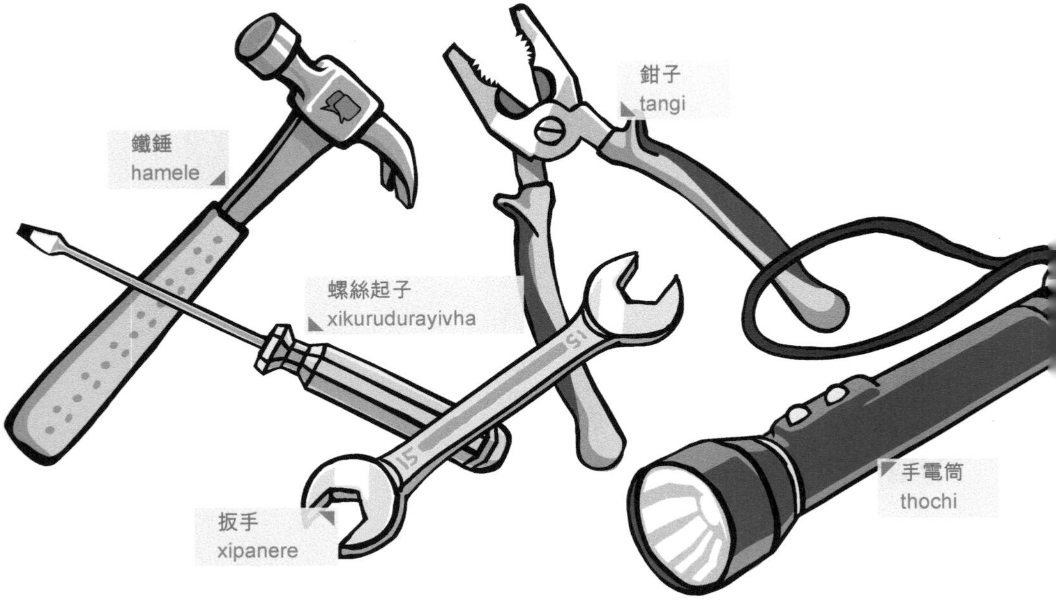

鐵錘
hamele
鉗子
tangi
螺絲起子
xikurudurayivha
扳手
xipanere
手電筒
thochi

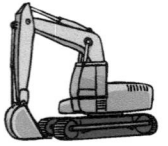

挖掘機
muchini wo cela

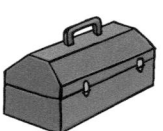

工具箱
bokisi ra switirhisiwa

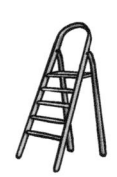

梯子
xitepisi

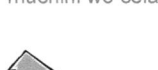

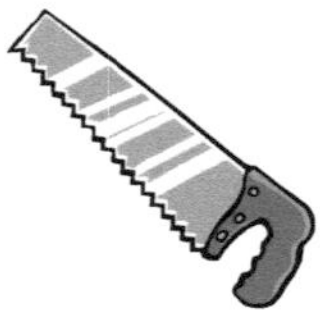

鋸子
saha

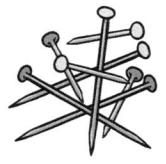

釘子
swipikiri

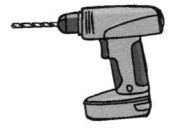

鑽機
muchini wo boxa

修
lunghisa

鏟子
foxolo

糟糕！
Thyaka!

畚箕
nchumu wo susa ritshuri

油漆桶
mbita ya pende

螺絲
bawuti

樂器
swichayachayana

打擊樂器
swigubu

揚聲器
xikurisa-mpfumawulo

吉他
katara

低音提琴
double bass

小號
mhalamhala

鋼琴

piyano

小提琴

violin

貝斯

bass

定音鼓

timpani

鼓

xigubu

電子琴

keyboard

薩克斯風

saxophone

長笛

xitiringo

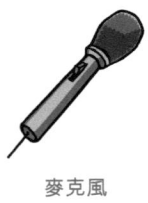

麥克風

xikurisa-marito

動物園

ntanga wa swiharhi

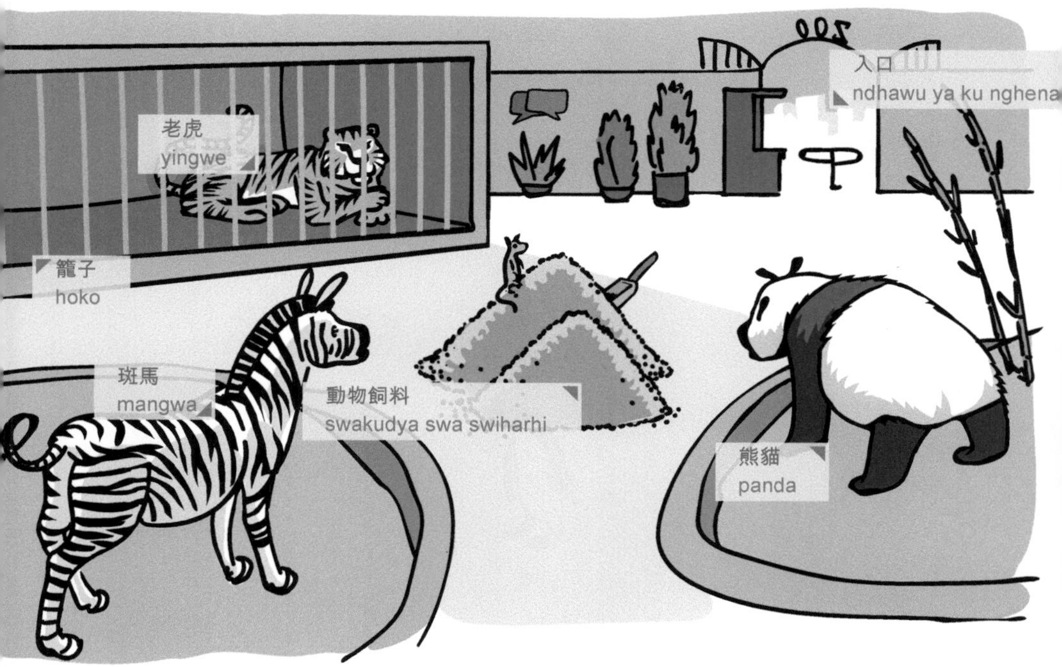

入口
ndhawu ya ku nghena
老虎
yingwe
籠子
hoko
斑馬
mangwa
動物飼料
swakudya swa swiharhi
熊貓
panda

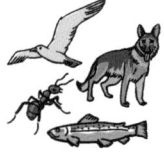

動物

swiharhi

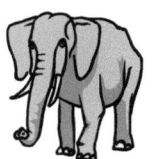

大象

ndlopfu

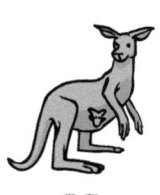

袋鼠

xinjhenghwe

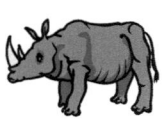

犀牛

mhelembe

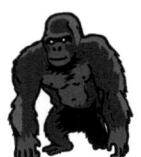

大猩猩

gorila

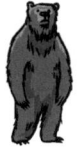

熊

bere

駱駝

kamela

鴕鳥

yintsha

獅子

nghala

猴子

nkawu

紅鶴

flamingo

鸚鵡

hokwe

北極熊

bere

企鵝

penguin

鯊魚

shaka

孔雀

hanti

蛇

nyoka

鱷魚

ngwenya

動物園管理員

muhlayisi wa mintanga ya
swiharhi

海豹

seal

美洲豹

jaguar

矮種馬

hanci

豹

yingwe

河馬

mpfuvu

長頸鹿

nhutlwa

老鷹

gama

野豬

ngluve ya nhova

魚

hlampfi

龜

mfutsu

海象

nyimpfu ya le lwandle

狐狸

mhungubye

羚羊

mhala

橄欖球
bolo ya le Amerika

騎腳踏車
kufamba hi xi kanyakanya

網球
tennis

籃球
basketball

游泳
kuhlambela

拳擊
ntlango wa ku bana

冰球
khororo ya le ayisini

美式足球

bolo

羽毛球

badminton

田徑

mintlango

手球

bolo ya mavoko

滑雪

kureta e gambokweni

馬球

polo

跳
tlula

擁抱
angara

笑
hleka

走路
famba

唱
yimbelela

做夢
lora

祈禱
khongela

親吻
ntswontswa

書寫
tsala

畫
dirowa

展示
komba

推
dlidlimeta

給
nyika

拿
teka

有
yi va

做
endla

當
ku va

站
yima

跑
tsutsuma

拉
koka

丟
lahlela

摔倒
wana

躺
hemba

等待
rindza

攜帶
rhwala

坐
tshama

穿衣
ambala

睡覺
tlela

醒來
pfuka

看
languta

哭
rila

擊
bana

梳頭
kama

交談
vulavula

明白
twisisa

問
vutisa

聽
yingisa

喝
nwana

吃
dyana

清理
basisa

愛
randza

做飯
sweka

開車
chayela

飛
haha

航行

tluta

計算

hlaya

讀

hlaya

學習

hlaya

工作

tirha

結婚

teka

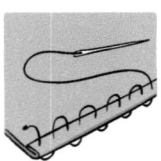

縫

rhunga

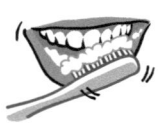

刷牙

kuhlamba meno

殺

dlaya

抽菸

dzaha

寄

rhumela

祖父
kokwana wa xinuna

父親
tatana

母親
mana

嬰兒
nwana

女兒
n'wana wa nwanyana

兒子
n'wana wa mfana

...ana wa xisati

客人
muendzi

阿姨
hahani

叔叔
malume

兄弟
makwerhu

姐妹
makwrhu

身體

miri

前額
mombo
眼睛
tihlo
肩膀
katla
手指
ritiho
臉
xikandza
下巴
xilebvu
手
voko
腿
nenge
乳房
bele
手臂
voko

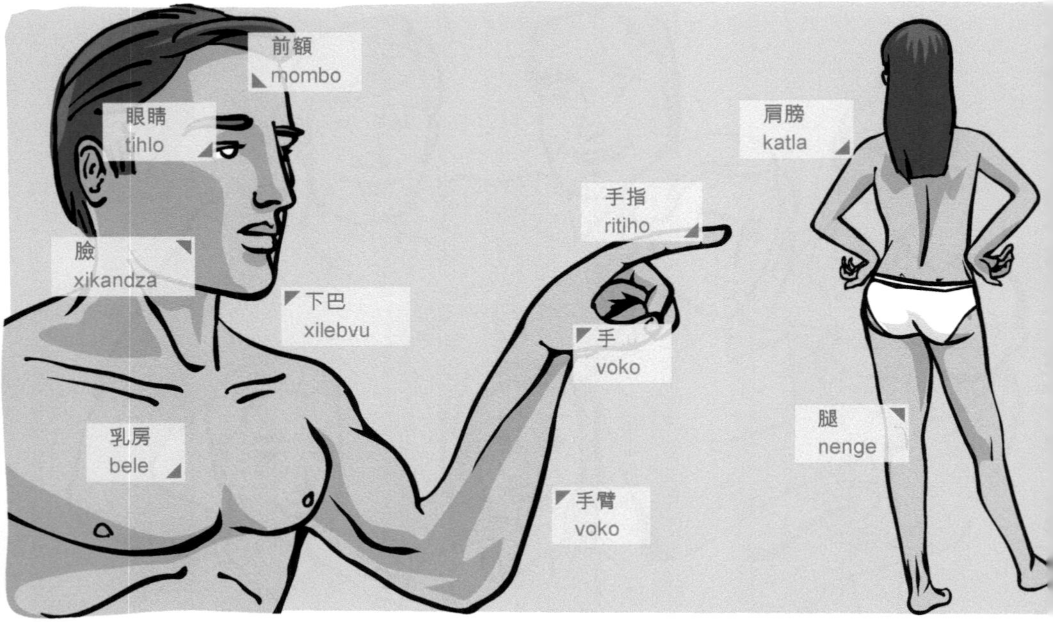

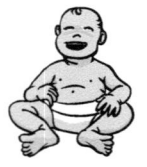

嬰兒

nwana

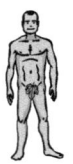

男人

n'wanuna

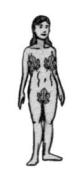

女人

nw'ansati

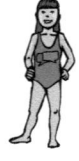

女孩

nhwanyana

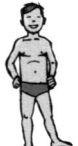

男孩

mfana

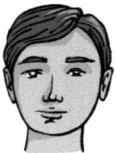

頭

nhloko

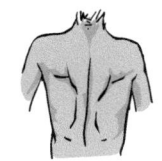

背部

nhlana

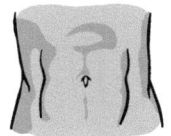

肚子

khwiri

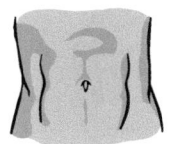

肚臍

nkava

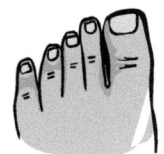

腳趾

xikunwani

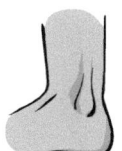

腳後跟

xirhenze

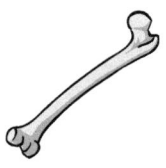

骨頭

rhambu

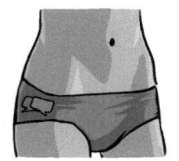

臀部

nyonga

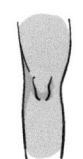

膝蓋

tsolo

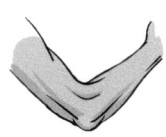

手肘

xikokola

鼻子

nompfu

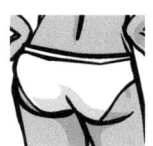

屁股

xisuti

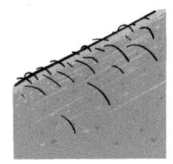

皮膚

nhlonge

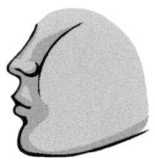

臉頰

rhama

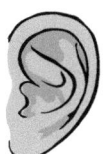

耳朵

ndlebe

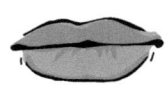

嘴唇

nomu

嘴
nomu

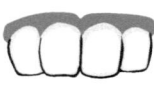

牙齒
tinyo

舌頭
ririmi

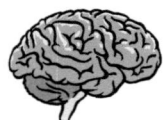

腦
byongo

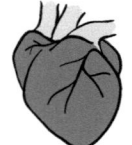

心臟
mbilu

肌肉
nsiha

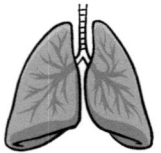

肺
hahu

肝臟
vixindzi

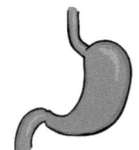

胃
khwiri

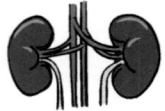

腎臟
tinso

性交
masangu

保險套
khondomu

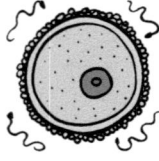

卵子
tandza

精子
mbewu ya vununa

懷孕
nyimba

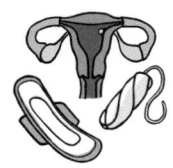

月事

kuya enkarhini

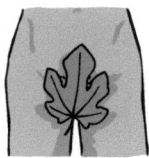

陰道

muhocho

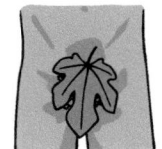

陰莖

xiluma

眉毛

tinxiyi

頭髮

misisi

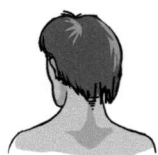

脖子

nhamu

醫院
xibedlhele

醫院
xibedlhele

急救車
ambulense

輪椅
xitulu xa swigulana

骨折
ku tshoveka

醫師
dokodela

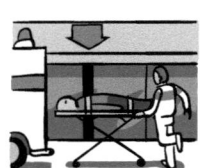

急診室
kamara ra xilamulela-mhango

護理師
muongori

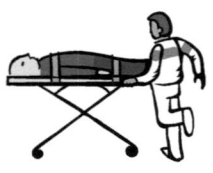

緊急情形
xihatla

昏迷
ku titivala

痛
kuvava

受傷

ku vaviseka

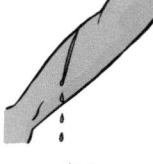

出血

mpfempfa ngati

心臟病發作

ku hlaseriwa himbilu

中風

ku oma swirho

過敏

rinyenyo

咳嗽

khohlola

發燒

xifumbu

流感

mukhuhlwana

腹瀉

nchuluko

頭痛

ku pandza ka nhloko

癌症

khensa

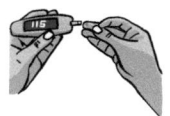

糖尿病

chukela

外科醫師

dokodela

手術刀

mukwana

手術

vuhandzuri

電腦斷層掃描

CT

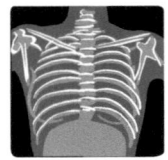

X光

x-rheyi

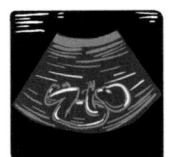

超音波

muchini wo yingisela
ntshuka-ntshuko

口罩

xo tipfala tinhomfu

疾病

vuvabyi

候診室

kamara ro rindza

拐杖

nhonga

石膏

semendhe

繃帶

bandhichi

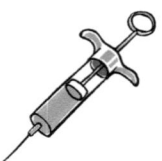

注射

neleta

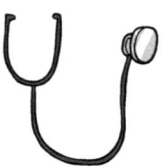

聽診器

muchini wa madokodela wa
ku yingisa

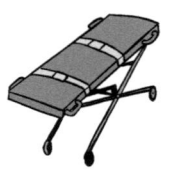

擔架

rihlaka

體溫計

xipima-mahiselo

出生

ku veleka

超重

ku nyuhela

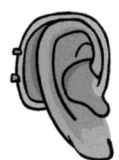

助聽器

swipfuneta-ku-twa

消毒液

khemikhale yo dlaya
switsongwatsongwana

感染

switsongwatsongwana

病毒

xitsongwatsongwana

愛滋病

HIV / AIDS

藥物

miri

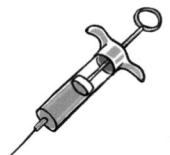

接種疫苗

nayiti

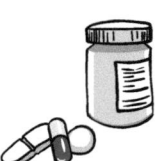

藥片

maphilisi

藥丸

pilisi

急救電話

riqingho ra xihatla

血壓計

muchini wo kamba
nsusumeto wa ngati

生病/健康

vabya / hanya

救命！

Pfunani!

警報

bele

突擊

ku hlaseriwa

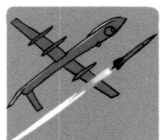

攻擊

hlasela

危險

khombo

緊急出口

nyangwa wo huma loko ku
ri ni mhango

失火了！

Ndzilo!

滅火器

xo tima ndzilo

意外

mhangu

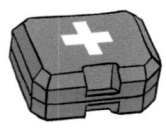

急救箱

bokisi ra xilamulela-mhango

呼救訊號

SOS

員警

phorisa

歐洲

Yuropa

北美洲

Amerika N'walungu

南美洲

Amerika Dzonga

非洲

Afrika

亞洲

Asia

澳洲

Australia

大西洋

Atlantic

太平洋

Pacific

印度洋

Lwandle-nkulu ra Indiya

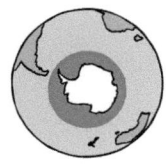

南冰洋

wandle-nkulu ra Antarctic

北冰洋

Lwandle-nkulu ra Arctic

北極

North Pole

南極
South Pole

南極洲
Antarctica

地球
Misava

陸地
tiko

海
lwandle

島
xihlala

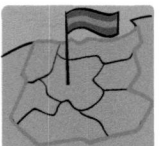

國家
rixaka

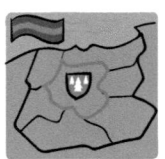

州
tiko

錶盤

xikomba nkarhi

時針

xikomba-tiawara

分針

xikomba-timineti

秒針

xikomba-tisekoni

現在幾點？

I nkarhi muni?

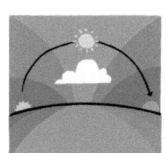

天

siku

時間

nkarhi

現在

sweswi

電子錶

wachi leyi tshavatelaka

分

minete

時

awara

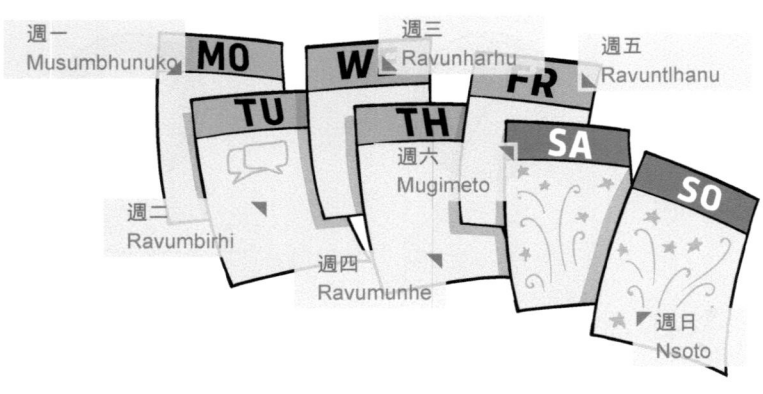

週一
Musumbhunuko

週三
Ravunharhu

週五
Ravuntlhanu

週二
Ravumbirhi

週六
Mugimeto

週四
Ravumunhe

週日
Nsoto

昨天
....
tolo

今天
....
namuntlha

明天
....
mundzuku

早晨
....
mixo

中午
....
nhlekani

晚上
....
madyambu

工作日
....
masiku ya ntirho

週末
....
mahelo vhiki

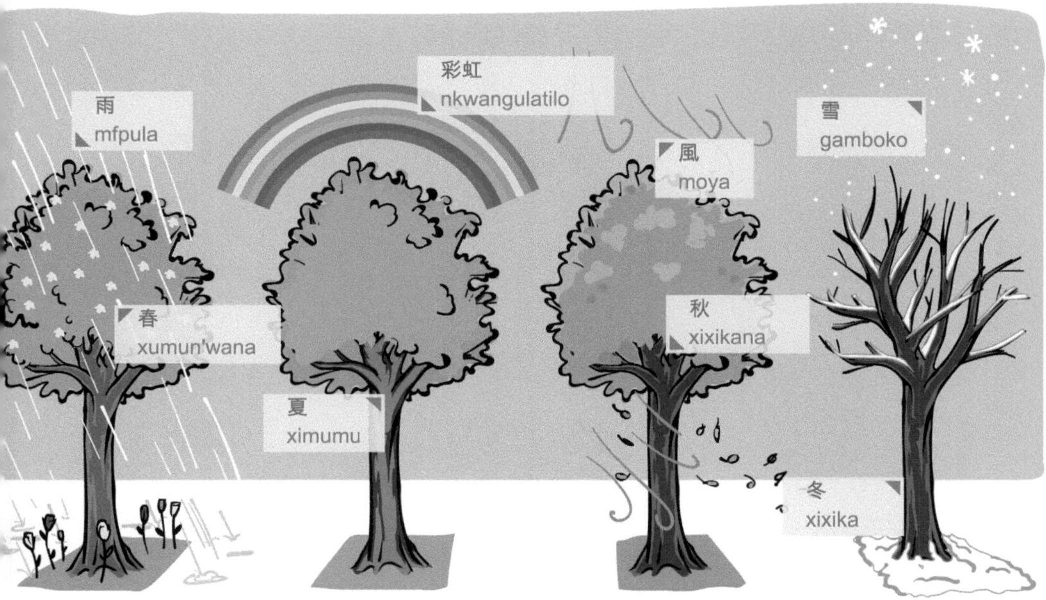

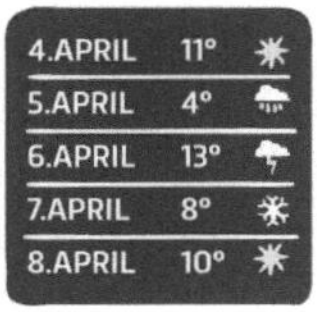

雨
mfpula
彩虹
nkwangulatilo
雪
gamboko
風
moya
春
xumun'wana
秋
xixikana
夏
ximumu
冬
xixika

4.APRIL 11°
5.APRIL 4°
6.APRIL 13°
7.APRIL 8°
8.APRIL 10°

天氣預告

vumbha tamaxelo

F
C
120
90
60
30
0
-30
40
30
20
10
0
-10
-20

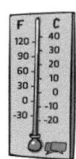

溫度計

xipima-mahiselo

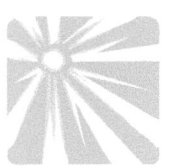

陽光

dyambu

雲

papa

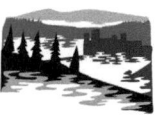

霧

hunguva

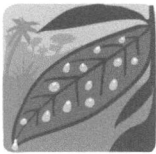

潮濕

kutsakama

閃電

rihati

打雷

dzindza-tilo

風暴

xidzedze

冰雹

xihangu

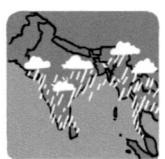

季風

mpfula

洪水

ndhambi

冰

ayisi

一月

Sunguti

二月

Nyenyenyana

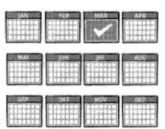

三月

Nyenyankulu

四月

Dzivamusoko

五月

Mudyaxihi

六月

Khotavuxika

七月

Mawuwani

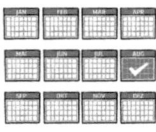

八月

Mhawuri

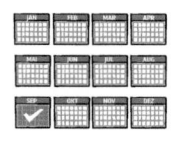

九月
....
Ndzhati

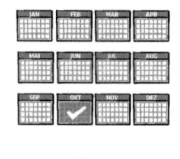

十月
....
Nhlangula

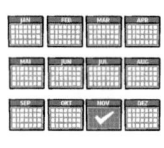

十一月
....
Hukuri

十二月
....
N'wendzamhala

形狀
swivumbeko

圓形
....
xirendzevutana

正方形
....
xikwere

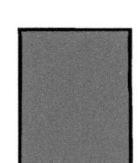

長方形
....
matlhelo ya mune

三角形
....
xivunguvungu xa tintlha tinharhu

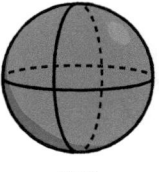

球體
....
bolo

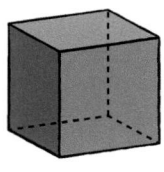

立方體
....
cube

白

basa

黃

xitshopana

橙

lamula

粉

tshwukanyana

紅

tshwuka

紫

xigunguvungu

藍

wasi

綠

rihlaza

棕

buraweni

灰

mpunga

黑

ntima

很多/少許

swo tala / swi tsongo

生氣/平靜

hlundzukile / rhurile

美/醜

sasekile / bihile

首/尾

masungulo / makumo

大/小

kulu / tsongo

明/暗

vangama / munyama

兄弟/姐妹

buti / sesi

乾淨/骯髒

basile / chakile

完整/缺失

helerile / helelangiki

白天/晚上

siku / vusiku

死/生

file / hanyaka

寬/窄

pfulekile / pfalekile

可食用/非食用

swa dyiwa / a swi dyiwi

邪惡/善良

homboloka / lunghile

興奮/無聊

tsakile / phirekile

胖/瘦

nyuhela / lala

第一/最後

masungulo / makumo

朋友/敵人

mungana / nala

滿/空

tele / hava

硬/軟

tiyile / olova

重/輕

tika / vevuka

餓/渴

ndlala / torha

生病/健康

vabya / hanya

非法/合法

swi ngariki enawini / enawini

聰明/愚笨

tlharihile / xiphukuphuku

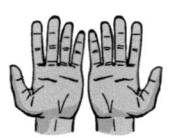

左/右

ximati / xinene

近/遠

akusuhi / kule

新/舊

yintshwa / tirhisiwile

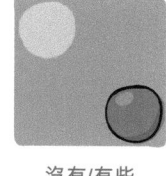

沒有/有些

hava / xin'wana

老/幼

dyuharile / muntshwa

開/關

xarirha / xitimile

打開/闔上

pfurile / pfariwile

安靜/吵鬧

myerile / huwa

富/窮

fuwile / xisiwana

對/錯

swinene / bihile

粗糙/光滑

khwasha / reta

傷心/高興

vaviseka / tsaka

短/長

koma / leha

慢/快

hlwela / hatlisa

濕/乾

tsakama / oma

溫暖/涼爽

kufumela / titimela

戰爭/和平

nyimpi / kurhula

0	**1**	**2**
零	一	二
noto	n'we	mbirhi

3	**4**	**5**
三	四	五
nharhu	mune	ntlhanu

6	**7**	**8**
六	七	八
ntsevu	nkombo	nhungu

9	**10**	**11**
九	十	十一
nkaye	khume	khume n'we

12
十二
khume mbirhi

13
十三
khume nharhu

14
十四
khume mune

15
十五
khume ntlhanu

16
十六
khume ntsevu

17
十七
khumbe nkombo

18
十八
khume nhungu

19
十九
khume nkaye

20
二十
makhume mambirhi

100
百
dzana

1.000
千
gidi

1.000.000
百萬
gidi ya magidi

英語

Xinghezi

美式英語

Xinghezi xa Amerika

普通話

Xichayina xa Mandarin

印地語

Xihindi

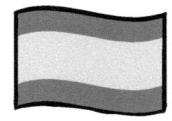

西班牙語

Xipaniya

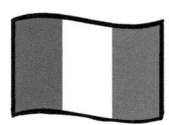

法語

Xifurwa

阿拉伯語

Xiarabu

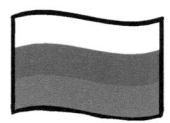

俄語

Xirhaxiya

葡萄牙語

Xiputukezi

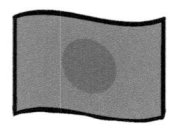

孟加拉語

Xibengali

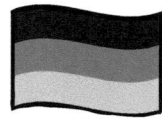

德語

Xijarimani

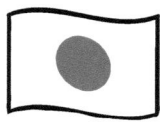

日語

Xijapani

我

mina

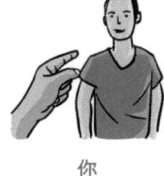

你

wena

他/她/它

yena / yena / xona

我們

hina

你們

n'wina

他們

vona

誰？

mani?

什麼？

yini?

如何？

njhani?

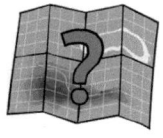

何處？

kwihi?

何時？

rhini?

名字

vito

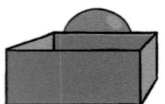

後面

endzaku

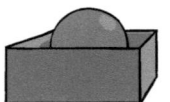

裡面

ahehla

前面

emahlweni a

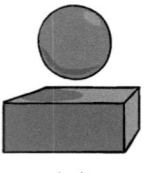

上方

ahenhla ka

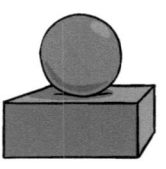

上面

eka

下麵

ehansi

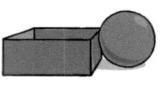

旁邊

handle ka

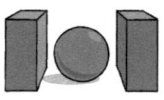

中間

exikarhi ka

地點

ndhawu